AF466018

ANALYSE

DU

VOYAGE PITTORESQUE

DE

NAPLES ET DE SICILE.

Ce qu'à nos Jardins
Sont les Fleurs,
Les Arts le ſont à la Vie.

ANALYSE
DU
VOYAGE PITTORESQUE
DE
NAPLES ET DE SICILE,

Faite par M. l'Abbé BRIZARD, & insérée dans le MERCURE DE FRANCE du mois de Février 1787, N.os 7, 8 & 9.

A PARIS,
DE L'IMPRIMERIE DE CLOUSIER,
Imprimeur du ROI, rue de Sorbonne;
Se trouve
Chez DE LA FOSSE, Graveur, Place du Carrousel.

M. DCC. LXXXVII.

VOYAGE PITTORESQUE DE NAPLES ET DE SICILE,

Quatre Vol. grand in-fol. *formant cinq Tomes. Les deux premiers comprennent* Naples & ſes environs ; *le troiſième*, toute la partie méridionale de l'Italie, *connue autrefois ſous le nom de* Grande-Grèce, *& le quatrième Volume, diviſé en deux Tomes*, la Sicile.

Ier. EXTRAIT.

ITALIAM, ITALIAM !.... Cette antique patrie des Héros, & qui le ſera toujours des Arts, offre à l'Obſervateur tant d'objets intéreſſans, que ſon nom ſeul réveille dans notre imagination une foule d'idées agréables ou mélancoliques, ſéduiſantes ou terribles. La beauté du ciel & du climat, les richeſſes du ſite, le ſol même, & ces reſtes de la grandeur

& de la magnificence des Romains que l'on foule aux pieds, le ſouvenir de tous les grands Hommes qu'a portés cette terre heureuſe, les chef-d'œuvres des Arts, & les phénomènes de la Nature, qui ſe diſputent à chaque pas notre admiration : voilà ce qui nous attache, ce qui nous entraîne dans un pays que tout Artiſte, tout Poëte, tout Homme de Lettres & tout homme ſenſible eſt tourmenté du deſir de voir, ou du regret de n'avoir point vu.

Si quelque choſe étoit propre à diminuer, ou plutôt à augmenter ce deſir & ces regrets, ce ſeroit un Ouvrage deſtiné à en retracer fidèlement les merveilles. Plus l'image eſt parfaite, plus vivement on ſent les beautés du modèle ; c'eſt ce qu'on éprouve à la lecture du *Voyage Pittoreſque de Naples & de Sicile.*

Dans le premier projet de cet Ouvrage, & tel qu'il avoit d'abord été conçu pour être exécuté par le concours de pluſieurs Amateurs des Arts, l'Italie entière devoit y être compriſe, avec les vues & les détails de tous ſes Monumens antiques & modernes. On ſent qu'un ſeul homme ne pouvoit l'entreprendre ; il auroit fallu d'ailleurs la fortune d'un Souverain pour l'exécuter. M. l'Abbé de Saint-N***, abandonné à ſes propres forces, s'en eſt tenu à ces belles contrées de Naples & de Sicile, auſſi intéreſſantes, plus pittoresques encore, & en général moins connues que le reste de l'Italie.

L'Auteur, sans négliger ce qui concerne les mœurs, le gouvernement, le commerce, &c, s'est particulièrement attaché, ainsi que l'annonce le titre de son Livre, à décrire les richesses de la Nature & les chef-d'œuvres des Arts. Nulle part la Nature n'est plus prodigue, ni l'art plus imposant que dans le pays qu'il a parcouru; il a fait dessiner toutes les vues les plus pittoresques, les sites les plus curieux, les monumens & tous les restes précieux de l'antiquité qu'on rencontre à chaque pas dans cet heureux climat; l'Ouvrage est de la plus riche & de la plus parfaite exécution, & nous ne craignons pas de dire que c'est un des plus superbes monumens que l'amour passionné du beau, le goût & la magnificence, sur-tout dans un simple Citoyen, aient jamais consacrés à la gloire des Arts dans aucun pays du monde (*).

(*) On ne peut lui comparer que le *Voyage Pittoresque de la Grèce*, par M. le Comte de Choiseul-Gouffier, entrepris dans le même esprit & exécuté avec la même magnificence; mais il n'en est encore qu'au premier Volume; tous les vœux des gens de goût se réunissent pour en voir la continuation. La circonstance heureuse de la nomination de l'Auteur à l'Ambassade de Constantinople, donne lieu d'espérer que nous verrons bientôt la suite & la fin de cet important Ouvrage.

L'analyſe ſeule, & l'extrait que nous entreprenons formeroient un Volume, ſi nous voulions parler avec quelque détail de tout ce qu'il y a d'intéreſſant dans cette belle Collection; mais, obligés de nous renfermer dans un très-court eſpace, nous nous contenterons de ſuivre rapidement la marche des Voyageurs, & nous diviſerons le compte que nous devons en rendre en trois parties. Le premier extrait embraſſera *Naples* & ſes environs ; le ſecond parcourra toute la partie méridionale de l'Italie, anciennement déſignée ſous le nom de *Grande-Grèce*; & le troiſième ſera conſacré à la *Sicile*. Chacune de ces contrées offre des objets bien dignes d'occuper nos regards ; mais ne pouvant les parcourir pour ainſi dire qu'à vol d'oiſeau, nous renvoyons à l'Ouvrage même : ce que nous avons à dire eſt bien moins propre à ſatisfaire qu'à irriter la curioſité des Lecteurs.

Naples & ſes environs.

LA rencontre des *Improviſatori* annonce aux Etrangers qu'ils ſont en Italie. On embraſſe avec le Voyageur cette terre heureuſe ; on la foule avec une ſorte de reſpect : l'imagination échauffée de tant de ſouvenirs, on s'avance ; le cœur palpite en approchant de la capitale du monde ; mais quand on eſt dans ſes murs, la première impreſſion que fait cette capitale, c'eſt qu'en l'admirant on cherche des Romains dans Rome ; les vers de Voltaire viennent involontairement s'offrir à la mémoire :

Des Prêtres fortunés foulent d'un pied tranquile
Le tombeau des Catons & la cendre d'Emile.

Le premier hommage du Voyageur eſt pour Saint Pierre de Rome : après avoir admiré le plus beau Temple de l'univers, monté au Capitole, ſalué le Panthéon, viſité le Coliſée, donné un coup-d'œil rapide aux principaux monumens dont il ne s'arrache qu'à regret, & en ſe promettant de revenir les contempler à loiſir, il prend la route de Naples ; il traverſe triſtement la campagne de Rome, qui n'offre pas même l'ombre de ces héros qui la cultivoient dans les beaux temps de la République : on ſuit avec lui, non ſans une foule de réflexions, cette *Voie Appienne*, bordée de ruines & de tombeaux. Après avoir traverſé les *Marais Pontins*, dont les exhalaiſons infectes puniſſent les Romains de leur indolence, on ſemble changer de climat, en quittant l'Etat du Pape. Alors on ſe promène dans les riches plaines de la délicieuſe Capoue, & marchant à la vue de la mer ſous des berceaux de vigne, on arrive à Naples par des chemins embaumés, bordés de toutes parts d'oliviers, de citronniers, de myrthes & d'orangers.

Les richeſſes de la Nature & les productions des Arts ſe diſputent l'Etranger qui arrive à Naples : cette ville, bâtie en amphithéâtre, au fond d'un baſſin qui embraſſe pluſieurs lieues d'étendue, ayant ſous ſes pieds la mer, & ſur ſa tête le Véſuve, offre dans ſon enſemble un des plus beaux aſpects de l'Univers. Ce n'eſt pas préciſément l'architecture qui brille à Naples, il y a peu de palais à citer, & l'on trouve ailleurs de plus beaux temples. » Cependant de grandes » rues, de grandes places, de vaſtes maiſons » couvertes de terraſſes, qui offrent de grandes » lignes & de grandes maſſes, un terrain mon- » tueux & tourmenté qui préſente des jardins » élevés & ſuſpendus, couronne les édifices, » amène la campagne dans la ville, & la ville

» dans la campagne ; des points de vue variés, » de mer, de plaines & de montagnes, des » aſpects alternativement riants, abondans & » terribles, & toujours, un beau ciel, & un » climat heureux, font de Naples l'enſemble » d'une des plus belles & des plus délicieuſes » villes du monde «.

C'eſt ce que M. l'Abbé de S*** s'eſt plu à rendre dans les charmantes gravures dont il a orné cet Ouvrage : il a multiplié les plans, les cartes & les vues les plus intéreſſantes d'une ville qu'aucun Voyageur ne peut voir ſans intérêt, ni décrire ſans enthouſiaſme. L'air qu'on reſpire en ces climats ſemble féconder le génie ainſi que la terre ; tous les Arts de l'imagination ſont comme une production du pays. La Poéſie, la Peinture, la Muſique, ces trois Sœurs, dont le but eſt d'imiter & d'embellir la Nature, ſemblent avoir pris naiſſance ſous ce beau ciel, où tous les objets qui viennent ravir les eſprits, inſpirent le deſir de les chanter ou de les peindre.

Depuis Virgile juſqu'au Taſſe, & depuis Horace juſqu'à Sannazar, ce pays fut aimé des Poètes qui y ſont venus à l'envi échauffer leur génie, tailler leurs crayons, & embellir leurs vers des couleurs de la Nature.

Naples ſeule a produit plus de Muſiciens que

le reſte de l'Italie, & plus que toute l'Europe enſemble. As-tu du génie? a dit l'homme de ce ſiècle qui en a eu davantage; » veux-tu donc » ſavoir ſi quelque étincelle de ce feu dévorant » t'anime? Cours, vole à Naples écouter les » chef-d'œuvres de Léo, de Durante, de » Jomelli, de Pergolèſe; ſi tes yeux s'empliſ- » ſent de larmes, ſi tu ſens ton cœur palpiter, » ſi des treſſaillemens t'agitent, ſi l'oppreſſion » te ſuffoque, dans tes tranſports prends le » Métaſtaſe, ſon génie échauffera le tien, tu » créeras à ſon exemple; c'eſt-là ce que fait le » génie, & d'autres yeux te rendront bientôt les » pleurs que tes maîtres t'auront fait verſer «.

Pluſieurs grands Peintres ſont nés à Naples, ou l'ont enrichie de leurs productions. Peu de villes, en Italie même, renferment autant de chef-d'œuvres en ce genre. C'étoit certainement pour un Amateur des Arts, & pour un Voyage Pittoreſque, une des parties de l'Ouvrage la plus intéreſſante à traiter, & c'eſt auſſi l'une de celles à laquelle ſon Auteur a donné le plus de ſoins. Vingt Gravures nous retracent les principales compoſitions des Solimènes, des Lanfranc, de Luc Giordano, du Calabrèſe, de l'Eſpagnolet, du Dominicain; ce ſont des eſpèces de traductions qui rendent, ſinon le coloris, du moins l'eſprit, le deſſin & l'ordonnance des tableaux, & qui parlent aux yeux & à l'imagination, bien mieux que ne feroient de froides descriptions.

Pour employer à la fois tous les genres de séduction, l'Auteur du Voyage Pittoresque s'est entouré de tous les talens ; il nous offre en notre langue des imitations & des esquisses en vers, des anciens Poètes, comme il nous donne des traductions des Peintres dans des dessins pleins de goût & de graces. Chaque Art y parle son langage, & chaque Artiste y est jugé par ses pairs ; c'est *de Lille* qui traduit *Stace* & *Sannazar* ; *Nivernois* & *Champfort* font revivre le *Tasse* ; *Barthe* lutte contre *Ovide* ; c'est *Piccini* qui parle des grands Maîtres de Naples en musique, & *Fragonard* qui reproduit les compositions des grands Peintres ; morceaux neufs & piquans, dûs à l'amitié & à l'amour des Arts : tous les talens ont concouru pour élever un monument au génie.

S'il y a peu de palais réguliers & d'antiques monumens dans cette capitale, les temples modernes y attirent plus qu'ailleurs l'Etranger, quel que soit son culte & sa religion. Des peintures sublimes couvrent & décorent leurs murailles, & c'est sous leurs voûtes qu'on entend cette musique céleste, dont les accords ravissent & pénètrent les sens.

On compte plus de trois cents Eglises à Naples : la plupart appartiennent à des Moines, & ce sont les plus riches & les plus magnifiques ; mais en sont-ils plus heureux ? Un Etranger s'extasiant sur les richesses de la grande Chartreuse de cette ville, ses agrémens sans nombre, sa position délicieuse, s'écrioit à plusieurs reprises : quelle charmante demeure ! *Transeuntibus*, répondit tristement le Moine qui le conduisoit.

Le Voyageur ne quitte point Naples sans nous donner une idée du caractère, des mœurs, des usages, des costumes, du commerce & de la population de cette ville célèbre. On sent qu'il nous est impossible de le suivre dans ces détails : le faste des Grands, l'extrême misère du peuple, les richesses du Clergé, la foule inutile des célibataires, le nombre & l'avidité des Gens de Loi, l'oubli des mœurs, sont des choses communes à toutes les grandes capitales ; mais ce qui est propre à Naples, ce sont ses quarante mille *Lazaroni*, hommes sans frein, sans demeure fixe, sans asyle, qui passent la nuit en plein air, se lèvent le matin sans savoir de quoi ils vivront dans la journée, & pour qui *ne rien faire* est le bonheur suprême ; c'est le fanatisme religieux de la populace pour le miracle de *Saint-Janvier* ; c'est sur-tout l'outrage fait à l'humanité dans la personne des infortunés Castrats ; ce sont les ftilets, c'eſt *la ſalle des coups de couteau*, dans l'hopital de Naples : tous objets ſur leſquels il faut gliſſer, & qui feroient des ombres un peu trop fortes au tableau : il paroît qu'en ce pays, comme en beaucoup d'autres, les hommes gagnent moins à être obſervés que la Nature ; c'eſt à elle qu'il faut toujours revenir.

Aux portes de Naples eſt cette riante côte de *Pauſilippe*, dont l'aſpect enchanté ſemble tenir plus des imaginations de la féerie, que de la réalité : les jardins ſuſpendus, les berceaux de verdure dont il eſt couvert, ſon extrême fertilité, ſa douce température & ſon printems éternel ont fait dire au Poète Sannazar, qui l'habitoit, *que c'étoit un morceau du ciel tombé ſur la terre : un pezzo di cielo caduto in terra.* Le Pauſilippe ſe prolonge le long de la mer dans l'eſpace de plus d'un mille ; tout le monde ſait qu'on a creuſé d'un bout à l'autre, dans les flancs de cette montagne, un chemin ſouterrain, qui eſt la ſeule route qui conduiſe à Pouzzoles ; c'eſt l'un des ſites les plus agréables de toute l'Italie, ſi riche en tableaux de ce genre, & c'eſt ſur cette montagne, déja ſi intéreſſante, au-deſſus même de l'entrée de la grotte, que l'enthouſiaſme & la reconnoiſſance ont placé le tombeau de Virgile. On cherche, on trouve encore le laurier immortel qui fleurit ſur ſa tombe : il n'eſt perſonne qui n'en approche avec un reſpect religieux ; & ceux mêmes qui ne voient ces lieux que dans les précieux deſſins qui en rendent tout le charme, ne peuvent s'empêcher de s'écrier avec le Virgile François :

> Oui, j'en jure, & Virgile & ſes accords ſublimes,
> J'irai, de l'Apennin je franchirai les cimes ;
> J'irai, plein de ſon nom, plein de ſes vers ſacrés,
> Les lire aux mêmes lieux qui les ont inſpirés.

C'eſt de deſſus le *Pauſilippe*, que le Voyageur contemple le Mont Véſuve dans toute ſa majeſté. M. l'Abbé de S*** nous trace rapidement l'hiſtoire de ce Volcan, depuis la fameuſe éruption qui engloutit la ville d'*Herculanum* ſous Titus, l'an 79, juſqu'à celle de 1779, juſtement dix-ſept cents ans après. Il eſt curieux de rapprocher le texte, & les détails infiniment intéreſſans de *Pline* le jeune, qui fut témoin de la première où périt ſon oncle, des récits & des deſcriptions que MM. *Hamilton* & *de Non* nous ont tracés de celles dont ils ont également été les témoins. Si dans l'éruption décrite par *Pline*, des villes englouties, & les cendres du Véſuve portées juſqu'en Afrique, étonnent l'imagination, dans les dernières on voit avec un effroi mêlé d'admiration, cette gerbe de feu qui s'élève à la hauteur

hauteur de dix mille pieds, ſe ſoutenir en colonne enflammée pendant près de trois quarts d'heure, & lancer des rochers énormes à plus d'un mille de la bouche du Volcan.

Différentes vues du Véſuve nous l'offrent ſous tous les aſpects, ſoit dans le calme, ſoit dans ſa furie, & il n'en eſt point qui ne ſoit une ſource de réflexions pour l'homme ſenſible, autant que pour l'obſervateur de la nature.

Mais ſi ces phénomènes nous attachent, s'ils ſont décrits & repréſentés avec une vérité & une illuſion qui nous tranſportent dans les temps & ſur les lieux de la ſcène, une inquiète curioſité ne nous entraîne pas avec moins de force vers un autre objet tout auſſi digne de nos regards, & l'on ne deſcend pas ſous les ruines d'*Herculanum* avec moins d'intérêt, qu'on ne gravit ſur le ſommet du Véſuve ; l'imagination aime à comparer & à rapprocher l'effet de la cauſe ; & comme dans l'hiſtoire du monde il n'y a pas de cataſtrophe auſſi funeſte que celle qu'a éprouvé cette partie du globe, il n'eſt pas d'évènement plus intéreſſant que la découverte d'une ville enſevelie ſi long-temps dans les entrailles de la terre, & qui, après un ſommeil de dix-ſept ſiècles, ſe préſente à nos regards dans le même état où elle fut engloutie ſous les cendres & les laves du volcan. En s'attendriſſant ſur le malheur qui a ſurpris tant d'infortunés habitans, & dévoré en un inſtant deux villes floriſſantes, diſparues ſous des torrens de flammes, on ne peut du moins que ſe féliciter du haſard qui nous les a rendues dans la même forme, &, ſi j'oſe le dire, dans la même attitude où elles ſe trouvoient au moment de la cataſtrophe. C'eſt en quelque ſorte un dépôt fidèle de tous les arts de l'antiquité, qu'elle a mis à l'abri du ravage des temps, & qu'elle a plus certainement encore dérobé aux outrages & à la barbarie des hommes.

Parmi les tréſors enfouis dans les ruines d'*Herculanum*, il n'en eſt point dont la conſervation doive plus nous étonner que celle des peintures antiques, de ces frêles monumens qui n'étoient qu'un ſimple enduit confié à la muraille (car on ſait que les Anciens n'ont connu que la peinture à freſque), & qu'on a recueilli en ſciant les murs même avec toute la dextérité poſſible. Auſſi le Voyageur pittoreſque ſemble-t-il ſe ſurpaſſer dans les ſoins qu'il apporte à cette partie de ſon Ouvrage; il donne une nouvelle vie à ces reſtes fragiles d'un des arts les plus agréables, mais pour nous l'un des moins connus de toute l'antiquité. Quatorze planches nous offrent un choix des morceaux les plus précieux, & l'on ne sauroit disconvenir qu'ils n'aient encore acquis un nouveau prix par la délicatesse du burin, & le soin infini avec lequel ces charmantes peintures ont été rendues. Indiquer la *Marchande d'Amours*, le *Concert antique*, les *Centaures*, l'allusion à l'*Enéïde*, l'allégorie piquante sur *Néron* & *Sénèque*, la *Bacchante*, les *Prêtresses*, les *Danseuses*, dont les draperies légères qui accusent toutes les beautés des formes, le mouvement & l'élégance, le disputent à tout ce que la galanterie a imaginé de plus voluptueux de nos jours; c'est ne rien apprendre à ceux qui les connoissent, & en donner une trop foible idée à ceux qui ne les connoissent pas. Le fini, le précieux, la délicatesse & les graces pleines d'imagination des *Arabesques* ne peuvent également se peindre dans un froid discours. Ces détails charmans à la vue, échappent & se refusent à l'analyse, & un dessin fait avec esprit, aura toujours l'avantage d'en dire plus que vingt pages de descriptions, bien exactes & bien languissantes.

Il en faut dire autant des statues & de tous les bronzes qu'on a tirés de dessous ces décombres; autels, vases antiques, trépieds, candélabres, instrumens de Musique. On remarque ſur-tout des lampes de la forme la plus bizarre, & que la pudeur de notre Langue nous défend de caractériſer. Les meubles & juſqu'aux uſtenſiles d'un uſage ordinaire ſont traités avec une recherche & une élégance qui peuvent encore ſervir de modèle. On y trouve des bracelets d'or, des bagues, des colliers, des boucles d'oreilles, & juſqu'à des aiguilles de tête dont les dames ſe ſervoient pour relever leurs cheveux avec grace; ce qui prouve que le grand art de la toilette n'avoit pas fait moins de progrès chez les Anciens, que parmi nos beautés modernes. Chacun de ces objets a un attrait particulier, & nous pouvons aſſurer que le goût le plus exquis a préſidé au choix comme à l'exécution des gravures deſtinées à nous en donner une repréſentation fidèle.

Rien de plus attachant que ces détails qui nous tranſportent, pour ainſi dire, au milieu des habitans de cette antique cité; il ſemble que l'on pénètre avec le Voyageur dans ſes temples, dans ſes rues, & juſques dans les maiſons des particuliers. Mais ce qui eſt un objet de curioſité & d'intérêt peut-être plus frappant encore, c'eſt le théâtre de cette ville infortunée qu'on a découvert en entier : non-ſeulement l'Auteur nous le reproduit ſous toutes les formes, mais il en prend occaſion de nous donner ſur les ſpectacles des Anciens, leurs repréſentations théâtrales, les courſes des chars, leurs cirques, les naumachies, & toutes ces fêtes publiques données au *Peuple-Roi*, des détails bien capables d'étonner & d'humilier notre médiocrité, nous qui nous croyons, au moins en fait de plaiſirs, de luxe & d'amuſemens, les modèles & les légiſlateurs de l'Europe. Mais que nous ſommes éloignés de la grandeur & de la magnificence des Romains ! Quand on ſait qu'à Rome le cirque, agrandi par Auguſte & depuis par Trajan, pouvoit contenir deux cents ſoixante mille ſpectateurs aſſis, notre imagination eſt effrayée, bien loin d'être tentée de les imiter. L'Auteur n'oublie rien de ce qui peut nous inſtruire ſur la forme & la conſtruction des théâtres, l'uſage des maſques ſcéniques, la déclamation, & tout ce qui tient à un art dont nous ne ſommes pas moins idolâtres que les Romains aux jours de leur décadence, & qui eſt devenu pour nous d'un tel intérêt, que nous ſommes au point de nous écrier comme eux : *panem & Circenſes*. Ces rècherches générales & les deſcriptions particulières qu'on nous donne ici de celui d'*Herculanum*, ſont d'autant plus ſatisfaiſantes, qu'on n'avoit pu juſqu'alors s'aſſurer d'une manière aussi positive des détails intérieurs d'aucun Théâtre de l'antiquité.

L'Auteur apporte les mêmes soins à la description des temples & des autres monumens trouvés à *Pompeïi*, qui a partagé le sort de la malheureuse *Herculanum*; cette description devenoit d'autant plus curieuse à joindre à cet Ouvrage, que les difficultés qu'il a fallu surmonter pour en lever les plans & en dessiner les vues, étoient infinies. Les défenses les plus sévères, des sentinelles & des gardes placées de tous côtés, empêchoient qu'aucun Dessinateur n'en pût approcher; mais que ne peut l'amour du beau & la passion des arts? Egalement animés par les difficultés & le desir de se partager cette espèce de conquête, l'accord & l'intelligence la plus parfaite ont présidé aux travaux des Dessinateurs. En se secondant mutuellement & à force d'examens faits à la dérobée, mais souvent répétés, leurs voyages successifs ont eu le plus heureux succès, & reportant ensuite en commun leur travail, ils sont venus à bout de lever un plan général, de dessiner des vues exactes, & d'exécuter des rétablissemens ingénieux des temples & des monumens qui décoroient *Pompeïi*; ce qui a mis le Voyageur pittoresque en état d'offrir sur ces antiquités une collection d'autant plus intéressante, qu'elle n'existe nulle part avec les mêmes détails, qu'elle est la première qui ait paru en France, & qu'elle n'étoit presque connue que de ceux qui alloient eux-mêmes errer parmi ces ruines (*).

Malheureusement un objet, parmi ces découvertes, sur lequel la curiosité publique & l'attente générale ont été trompées, ce sont les manuscrits trouvés dans les ruines d'*Herculanum*. Plus de huit cents volumes ont été transportés dans le Musæum du Roi de Naples ; tous les yeux étoient ouverts sur ce trésor ; on s'attendoit à retrouver des fragmens précieux, quelques écrits inconnus, les pages qui nous manquent de Polybe, de Diodore, de Tite-Live, &c. Des machines ingénieuses ont été disposées pour dérouler avec précaution ces volumes à demi-brûlés, qui tomboient en charbon ; mais à peine en a-t-on déchiffré quelques-uns des moins

(*) Cette partie du Voyage Pittoresque est une de celles qui doit le plus au zèle, au goût & à l'activité de M. *de Non*, qui s'étoit chargé de présider aux travaux des Dessinateurs ; on peut voir dans l'Avant-Propos, placé à la tête du cinquième Volume, toute la justice que M. l'Abbé de S*** s'est plu à lui rendre, & la reconnoissance qu'il en conserve.

importans, qu'on a abandonné le reste, plus encore par indolence que par la difficulté réelle de l'entreprise. On ne peut voir sans gémir, la coupable indifférence des possesseurs de ce trésor, dont l'Europe savante n'a pu jusqu'ici tirer le moindre avantage, & tous les Amateurs des Lettres & de l'antiquité partageront bien sincèrement les regrets de l'Auteur.

Près de 80 Planches sont consacrées à nous reproduire les autres richesses de tous les genres, & les précieux débris d'*Herculanum* & de *Pompéii.* Mais il faut nous arracher de ces ruines savantes, & suivre les Voyageurs autour du golfe de Pouzzoles, sur ces côtes & dans ces champs favorisés de la nature, & qu'enrichissent encore les tableaux de la fable & les scènes de l'histoire.

Tous les environs de Naples excitent vivement la curiosité; il n'est point de sites ni de monumens qui ne sollicitent les regards; mais lorsqu'on parcourt ces beaux lieux, les Auteurs du siècle d'*Auguste* à la main, qu'on voyage avec *Horace*, & que c'est en récitant les vers de *Virgile*, qu'on apporte son hommage sur la tombe de ce grand-homme, un nouvel intérêt colore ce superbe horison; mille agréables souvenirs se mêlent & viennent se fondre dans les objets qui nous frappent la vue, & lorſqu'on les compare avec les deſcriptions animées des Poètes, malgré les ravages du temps, & la dégradation de vingt ſiècles, on eſt encore frappé des traits de reſſemblance.

Rien de plus curieux que la Carte que le Voyageur nous donne des *Champs Phlégréens* ou Champs de feu, & de ce golfe de *Baies* dont Horace diſoit :

Nullus in orbe locus, Baiis prælucet amœnis.

Les Volcans qui ont couvert & fertiliſé cette terre, ont auſſi allumé l'imagination des Poètes & des Orateurs qui ont à l'envi chanté ces lieux tout remplis de merveilles. » Il ſemble en effet » què les eaux, le feu, les hommes, l'art & la » nature ſe ſoient diſputé l'empire de ce recoin » de la terre, l'aient alternativement occupé, » dévaſté, embelli, bouleverſé, ſans changer » en lui que ſa manière d'être beau, & n'avoir » fait qu'ajouter à l'intérêt de ſa curioſité. Occupé » ſucceſſivement par les peuples les plus induſ- » trieux & les plus puiſſans de l'univers, les » Grecs & les Romains ; bouleverſé par les » tremblemens de terre, enfoui ſous les cendres » des Volcans, portant enfin l'empreinte de tant » de formes différentes, il eſt devenu & ſera

» toujours l'école des arts, le laboratoire des » Physiciens, & le médailler de l'histoire «.

Au milieu des fabriques & des constructions antiques dont ce pays est semé, on rencontre d'abord les *Ecoles de Virgile ;* nom bien plutôt dû à la vénération & au respect religieux qu'inspire ce grand Poète, que donné par une critique judicieuse & fondée sur les faits. On ne peut douter cependant que Virgile qui a transporté ces lieux dans son Poëme immortel, n'ait souvent foulé cette terre, & peint ce qu'il avoit sous les yeux.

Là se trouvent ce lac *Averne*, consacré aux Divinités infernales, & l'entrée du noir *Tartare*, & l'avare *Achéron*, qui ne lâche jamais sa proie ; & les marais du *Styx* redoutables aux dieux mêmes, & l'antre de la Sibylle, & cette noire forêt dans laquelle *Enée* va cueillir le rameau d'or. Bientôt la scène change : on se trouve, on se promène dans ces *Champs-Elisées*, que l'imagination peuple encore d'ombres heureuses : lieux enchantés, où il n'est pas étonnant que *Virgile* ait placé le séjour du bonheur, mais aujourd'hui le pays le plus désert & le plus abandonné, malgré la douceur & le charme de son climat, qui y appelle vainement des habitans, & y étale sans témoins tous les trésors de la nature.

Bientôt, paſſant de la fable à l'hiſtoire, on parcourt ces campagnes jadis ſi célèbres, ces bords de la mer ſi rians & ſi variés, autrefois couverts des habitations des voluptueux Romains; cette côte conſacrée aux plaiſirs & aux délices, ainſi qu'à l'étude & à la philoſophie, où les Maîtres du monde venoient ſe délaſſer de leurs triomphes, & dépoſer leurs lauriers, & où les Sages alloient dans le ſilence & la retraite méditer leurs écrits. C'eſt là qu'étoient les villes ou maiſons de plaiſance des *Lucullus*, des *Pollion*, de *Marius*, de *Céſar*, de *Pompée*, &c. *Pline*, *Tite-Live*, *Lucrèce*, *Sénèque*, *Horace* & *Virgile* y ont compoſé la plupart de leurs chef-d'œuvres. *Cicéron* y avoit deux maiſons de campagne, & alloit alternativement de l'une à l'autre, pour ſe dérober aux importuns & s'y recueillir; c'eſt ce qu'il appelloit en plaiſantant ſes états de *Cumes* & de *Pouzzoles*, *Puteolana & Cumana regna*.

On y voyoit encore les bains de *Néron*, la maiſon d'*Agrippine*, le théâtre de *Misène*, le temple des Nymphes, celui de *Jupiter Sérapis*, l'un des plus célèbres de l'antiquité, & dont les reſtes impoſans impriment encore le reſpect; un autre temple dédié à l'*Honneur*, mais dont malheureuſement il ne reſte pas le moindre veſtige dans tout le pays. Le lac *Lucrin* a fait place à une montagne dont la naiſſance ſubite eſt un des phénomènes les plus extraordinaires de la nature (*). Enfin chaque pas que l'on fait dans ces lieux, réveille une foule de ſouvenirs également excités & par ce qu'on y voit encore, & par ce qu'on n'y retrouve plus. Auſſi nous ſont-ils repréſentés ici avec un ſoin & une exactitude qui ajoutent encore à tout l'intérêt que le ſujet inſpire.

L'Auteur a quelquefois enrichi ſon texte des vers d'*Horace*, de *Lucrèce*, de *Martial* & de *Virgile*, où il eſt queſtion des mêmes lieux ; ce qui vivifie cette ſuite de ſcènes vraiment pittoreſques & poëtiques : un Lecteur inſtruit & ſenſible goûte à la fois toutes les jouiſſances de l'imagination, de l'eſprit & des yeux, & il nous ſemble qu'il eſt peu de lectures auſſi attachantes que cette riche & féconde partie du Voyage pittoreſque.

Après avoir viſité *Pouzzoles*, fait des expériences à la fameuſe *Grotte du Chien*, & s'être promené ſur les voûtes de la *Solfaterra* ou montagne de ſoufre, ancien foyer d'un Volcan preſqu'éteint, on termine avec l'Auteur ce

---

(*) *Monte Nuovo*, en 1538.

Voyage de féerie par *Capoue* & ſes environs, auxquels la fertilité du climat, les agrémens du ſite, l'abondance des roſes, les plantes odorantes, & l'air embaumé qu'on y reſpire, ont fait donner le ſurnom d'*heureuſe*, *Campania ſelice.* L'œil cherche avec avidité la place où fut cette cité fameuſe, la rivale de Rome : la ſuperbe Capoue eſt cachée ſous l'herbe ; à peine les débris de ſon amphithéâtre & quelques humbles veſtiges font ſoupçonner ſon enceinte. Quelques vaſes *campaniens* que l'on trouve çà & là, ſont tout ce qui reſte de cette ville célèbre ; & tandis que les plus ſolides monumens, ces temples, ces portiques, ces marbres, toutes ces maſſes impoſantes ont diſparu, ce ſont des vaſes d'argille qui ſeuls ont échappé à la deſtruction, & nous viennent atteſter l'exiſtence de Capoue. M. l'Abbé de S*** s'eſt plu à recueillir ces frêles débris chargés de plus frêles peintures ; il en a orné ſon Ouvrage par des fleurons & des vignettes qu'il a gravés lui-même, dans un genre fait pour donner une idée juſte de ces peintures antiques que leur délicateſſe & leur fragilité rendent plus rares & plus précieuſes encore. C'eſt ce qu'on nomme vulgairement *vaſes étruſques*, & qu'on devroit à plus juſte titre appeler *vaſes campaniens.*

On ne quitte point ces lieux ſans rechercher les traces de la ville de *Cumes*, la plus ancienne des colonies grecques en Italie. Mais quels changemens a ſoufferts toute cette contrée ! L'Abbaye du *Mont Caſſin* eſt fondée ſur les débris de ce Temple d'*Appollon* ſi révéré dans l'antiquité. Le lieu qui a vu naître *Cicéron* eſt remplacé par un Couvent de Dominicains, bâti ſur les ruines & aux dépens même de la maiſon de l'Orateur Romain, qui en faiſoit ſes plus chères délices. Tout près étoient, l'ancienne *Formies*, où ce grand-homme fut aſſaſſiné par les ordres de ſon barbare & ingrat Client : *Minturnes* où l'on voit encore les marais fangeux où ſe cacha *Marius* fuyant devant *Sylla*, où ſeul, dépouillé de tout, ne conſervant que la majeſté du malheur, cet illuſtre fugitif étonna de ſon regard ſon lâche aſſaſſin, & lui fit tomber le poignard des mains : plus loin l'antique *Atella*, dont les citoyens naturellement gais & ſatyriques, inventèrent ces pièces dans un genre libre, qui en ont retenu le nom d'*Atellanes*, premier modèle de toutes les bouffonneries qui ont depuis deshonoré la ſcène. Enfin l'on reconnoît la place où étoit *Stable*, ville engloutie en même-temps qu'*Herculanum*, & où *Pline*, victime de ſon intrépide curioſité, périt étouffé ſous les cendres enflammées du Véſuve. Mais de toutes ces cités jadis ſi floriſſantes, dont l'heureuſe Campanie étoit couverte, il n'exiſte plus que les Médailles qui en ont conſervé le ſouvenir.

On peut remarquer que la plupart de ces villes, & en général toutes celles du midi de l'Italie, par leur origine, appartiennent encore plus aux Grecs qu'aux Romains. Auſſi dans l'Extrait ſuivant, nous parcourerons avec nos Voyageurs toute cette partie du Royaume de Naples, appelée la *Grande-Grèce*; dénomination qui s'étend même juſqu'à la Sicile, parce qu'en effet on y retrouve les noms, la langue, les mœurs & les monumens de la Grèce, le berceau commun des arts, & la mère-Patrie de toutes ces Colonies.

IIe. Extrait.

La Grande-Grèce ou la partie Méridionale de l'Italie.

Si Naples & ſes environs nous offrent des richeſſes, des ſites & des phénomènes propres à nous attacher, le reſte du Royaume n'a pas moins d'intérêt pour un Obſervateur, & ſur-tout cette malheureuſe *Calabre*, dont les déſaſtres nous font encore frémir : l'amateur de la nature & celui des arts y trouveront également une ample matière à leur curioſité, & des objets dignes de fixer leurs regards ou d'enrichir leurs pinceaux. C'eſt cette partie de l'Italie qui étoit autrefois connue ſous le nom de *Grande-Grèce* : quelques-uns même & avec raiſon y comprennent Naples & toute la Campanie. Perſonne en effet n'ignore que des eſſaims de jeunes Grecs partis d'Argos, d'Athènes, de Sparte, de Corinthe, &c. avoient porté ſur ces bords leurs mœurs, leurs loix, leurs arts, leurs dieux & leur langage ; qu'ils avoient peuplé & civiliſé toute cette contrée, quand Rome étoit encore barbare, & qu'ils y avoient répandu les lumières & les arts qui de là ſe ſont étendus ſur tout le reſte de l'Italie.

Le

Le troisième volume du Voyage pittoresque est particulièrement consacré à nous retracer les vues de ce pays si curieux, & les restes de ces antiques monumens échappés aux ravages des temps & des barbares. L'Auteur, après un discours préliminaire sur l'époque de ces émigrations, & la manière dont les Colonies Grecques se sont établies en Italie, & qui sert comme de portique à ce vaste édifice, nous fait voir les Dessinateurs parcourant, les crayons à la main, ces contrées où nous allons les suivre rapidement. Nous ferons avec eux le tour de cette partie de l'Italie, & toujours avec le regret de ne pouvoir offrir à nos Lecteurs qu'un froid squelette, à la place de ces vives peintures, de ces descriptions animées de vues & de monumens qui n'attendent que des hommes pour les admirer, & des yeux dignes de les voir.

En sortant de Naples par la porte de *Capoue*, on passe à la vue des *Fourches Caudines*, où l'orgueil des Romains vint subir un joug qu'ils imposèrent bientôt au reste de l'univers; de là nous descendons avec nos Artistes dans les vallons délicieux que forme la chaîne des Apennins. Nous voyageons au murmure de frais ruisseaux & au bruit de mille cascades naturelles, à travers des jardins de limoniers, d'oliviers &

d'orangers qui nous embaument de leurs parfums ; nous traverſons pluſieurs Voies romaines, & entr'autres celle où paſſoit *Horace*, lorſqu'il alloit à *Brindes* voir ſon cher *Virgile* ; car alors les grands-hommes étoient amis.

Nous arrivons à *Bénevent*, ancienne capitale des *Samnites* : c'eſt de toutes les villes d'Italie, celle qui, après Rome, a conſervé le plus de traces de ſon antiquité. On y voit encore des reſtes de ſes portes, de ſon amphithéâtre ; de nombreuſes inſcriptions, parmi leſquelles on diſtingue celle que la reconnoiſſance avoit gravée aux pieds de la ſtatue d'un ſimple citoyen qui n'avoit d'autre titre à cet honneur, ſi ſouvent proſtitué par la flatterie, que d'avoir bien mérité de la patrie par ſes talens & ſon éloquence. On admire ſur-tout le fameux arc de triomphe décerné à Trajan ; & c'eſt avec une ſatisfaction bien douce que l'on voit que le monument élevé à l'honneur du meilleur des Princes, eſt auſſi celui que le temps a le plus reſpecté, qu'il eſt le mieux conſervé, & le plus entier peut-être qui ſoit dans toute l'Italie.

De *Bénevent* on deſcend dans les riches plaines de la *Pouille*, qui par le plus beau payſage nous conduiſent juſques ſur les bords de la Mer Adriatique. » La beauté, la variété, la gradation de

» la verdure, y forment un tableau ſi tranquille, » ſi doux, ſi ami de l'œil, ſi enchanteur, que » l'on ne peut ſe laſſer de le regarder, quoi- » qu'aucun autre objet n'y fixe l'attention; car » on n'y diſtingue ni arbres ni maiſons, pendant » l'eſpace de vingt milles. Ce payſage, impoſſible » à rendre dans un deſſin, ſeroit encore difficile » à peindre, mais d'un effet bien neuf, ſi un » habile Artiſte cherchoit à en rendre l'étendue, » l'eſpace immenſe, d'après une nature que l'on » ne trouve que dans ce beau pays «.

Quelques jolis villages rompent enfin l'uniformité de ce tableau, dont le fond ſe termine à Siponte, colonie fondée par les Grecs diſperſés après le ſiége de Troyes. Notre guide nous conduit le long de la mer, vers les champs qui portent encore le nom de *Diomèdes*, & s'étendent juſqu'au mont *Vultur* & juſqu'à *Venoſe*, la patrie d'*Horace*, près de cette fontaine qu'il a chantée en vers ſi harmonieux. Il viſite, en paſſant, Canoſe, qui n'offre plus qu'un amas de ruines & de tombeaux, & vient contempler la plaine de Cannes, ſi célèbre par la victoire d'Annibal, & l'imprudence du compagnon de Paul Emile; lieu fameux encore dans le pays ſous le nom de *Campo di ſangue*, *Champ du ſang*, où le ſoc du laboureur, après deux mille ans, heurte ſouvent des casques, des armures & des débris antiques qui attestent cette grande journée. Puis continuant de voyager à la vue de la mer, il rencontre Barlette, qui conserve quelques traces de son ancienne prospérité ; Trani, dont la situation agréable & la gaieté des habitans invitent au plaisir & présentent l'aspect du bonheur ; Bari, qui justifie encore l'épithète de *poissonneuse* que lui donnoit l'ami de *Mécène* ; les ruines de Gnatie, bâtie dans la colère des Nymphes, qui l'ont privée des eaux qui rafraîchissent & fécondent toutes ces belles contrées :

Gnatia, lymphis
Iratis extructa.

Enfin il arrive à *Brindes*, port célèbre & le plus fréquenté des Romains, où venoit se terminer la *Voie Appienne*, par laquelle ils communiquoient à la Grèce, à l'Asie & à tout l'Orient, & non moins célèbre par le voyage d'*Horace* & la mort de *Virgile*. On voit encore dans la mer quelques restes des travaux faits par César pour fermer le port de Brindes, lorsqu'il y assiégea *Pompée*.

Il n'en est pas de même de l'antique *Salente*, où à la place de la ville bâtie par Idoménée, on ne trouve plus que d'informes débris & des

Célibataires. Des Moines habitent toute cette terre d'Yapigie, autrefois si fertile & couverte de héros; & le Temple de Minerve qui décoroit l'antique Hydruntum, est changé en un Couvent de Minimes.

Otrante, bâtie sur les ruines d'*Hydruntum*, malgré la richesse & l'avantage de sa situation, n'offre plus que l'aspect de la misère & de la pauvreté. C'est là que la mer *Ionienne* est le plus resserrée entre les terres; & de dessus les hauteurs d'*Otrante*, l'œil découvre l'*Epire* & les côtes de la Grèce, qui n'en sont séparées que par un trajet de dix-sept lieues, & où il ne faut que six heures pour aborder. C'est, si l'on en peut croire les Historiens, ce qui avoit fait concevoir à Pyrrhus l'extraordinaire projet de faire construire sur ce détroit un pont de bateaux pour communiquer de la Grèce en Italie.

Nos Artistes ne laissent échapper aucune de ces vues véritablement pittoresques sans nous en faire part, & nous les reproduire dans des dessins pleins d'agrémens & de vérité. Ils nous conduisent dans des campagnes couvertes d'oliviers, sous un ciel toujours pur; & enfin à travers une route embaumée qui porte la mollesse & la volupté dans l'ame, on arrive à Tarente, plein de l'idée de son antique grandeur, & où l'on ne peut se refuser au plaisir de s'arrêter quelques instans avec eux.

La délicieuse Tarente, célèbre par la douceur & la fertilité de son climat, l'excellence & la beauté de ses fruits, l'éclat de ses riches teintures de pourpre, l'admirable situation de son port, l'étendue de son commerce & l'opulence de ses habitans, étoit la plus superbe de toutes les villes grecques fondées en Italie; tous les Poètes l'ont chantée:

Ille terrarum mihi præter omnes
Angulus ridet;

disoit Horace: *Architas*, dont les découvertes en géométrie & les sublimes connoissances ont été révérées de toute l'antiquité, lui avoit donné des loix; car alors un grand-homme, par le seul ascendant de son génie, devenoit le législateur de ses concitoyens. Tant qu'elle fut fidèle aux sages institutions d'Architas, Tarente fut la plus florissante & comme la reine de ces Colonies; mais enfin les richesses amenèrent le luxe, & le luxe la corruption. Le goût délicat & la mollesse efféminée de ses habitans étoient passés en proverbe, & le *molle Tarentinum* donnoit en même-temps l'idée de toutes les recherches du luxe & de toutes les jouissances de la volupté. Aussi cette

République fameuſe ayant perdu ſes mœurs à la ſuite des richeſſes, perdit bientôt ſa gloire avec ſa liberté. Déja vaincus par les délices, les Tarentins attendirent tranquillement le joug que daignèrent leur impoſer les Romains. Nos Deſſinateurs parcourent envain les champs & les jardins que couvroit cette orgueilleuſe cité, ils n'y trouvent aucun monument, ni le moindre veſtige de ſon ancienne ſplendeur, & *jamais*, peut-on s'écrier avec un Auteur Anglois qui a fait récemment le même voyage (*), *jamais une ville ne fut auſſi complettement effacée de deſſus la terre que la ville de Tarente.*

Toute cette contrée, jadis ſi floriſſante, porte l'empreinte de la même dégradation ; le pays eſt ſi pauvre qu'on n'y trouve pas même d'au-

(*) M. Swinburn : ſon Voyage de Naples & de Sicile a été traduit avec autant de fidélité que d'élégance, par Mlle de Kéralio. C'eſt le premier pas que cette jeune perſonne fait dans la carrière des Lettres : cet eſſai ne peut que donner les plus grandes eſpérances, & faire vivement déſirer la *Vie d'Eliſabeth*, par le même Auteur, Ouvrage qui doit paroître inceſſamment, & où elle pourra donner plus librement l'eſſor à ſes talens. Il ſera intéreſſant de voir une femme tenter de dévoiler l'ame & le caractère d'une Femme célèbre & d'une grande Reine.

Nota. Les deux premiers volumes paroiſſent & juſtifient pleinement les eſpérances que nous avions conçues.

berges ; les voyageurs y sont si rares, qu'ils deviennent pour les habitans un objet de curiosité. L'ignorance du peuple, l'indolence des chefs, & cette foule de Moines inutiles qui surchargent la terre, choquent par-tout les regards. Il n'y a pas de ville de sept à huit mille ames, qui n'ait quinze ou vingt Monastères. On assure qu'il y a trente mille Moines du seul Ordre de Saint-Dominique dans le royaume de Naples ; faut-il s'etonner que cette terre soit comme frappée de stérilité, & n'offre plus que l'ombre de ce qu'elle étoit dans les temps de sa gloire !

En traversant la *Basilicate*, qui est l'ancienne *Lucanie*, nos Dessinateurs s'arrêtent devant les ruines de Métaponte, si long-temps honorée de la présence & des leçons de Pythagore, & où la reconnoissance fit un temple de la maison de ce Sage, le réformateur & le législateur de la *Grande-Grèce*. Par la force & le charme de son éloquence, il vint à bout de persuader aux femmes de Métaponte de fondre tous leurs ornemens & ces riches bijoux d'or & d'argent, si chers à la beauté, & de cette héroïque offrande il fit bâtir un temple en l'honneur de Junon, modèle & symbole de la fidélité conjugale : quinze colonnes subsistent encore de ce rare monument. Quel Orateur parmi nous pourroit se flatter d'un pareil triomphe, & combien de temps seroit à bâtir une basilique qui n'auroit d'autres fonds assurés que le sacrifice volontaire des ornemens & de la parure des dames!

Non loin de ce temple; nos Voyageurs cherchent envain Héraclée, qui se glorifioit d'avoir Hercule pour fondateur, & *Zeuxis* pour citoyen. Ils rencontrent l'ancienne Pétilie, renommée par sa fidélité à tenir ses engagemens; Siris, fondée par les Troyens échappés à la fureur d'Achille. Enfin, l'imagination exaltée par tant de souvenirs, ils arrivent dans les campagnes où fut la voluptueuse Sybaris; car il ne reste plus de cette ville que sa mémoire parmi les hommes: Sybaris, le scandale de l'univers, & dont la peinture des mœurs nous paroîtroit devoir être reléguée dans le pays des romans & des fables, si les modernes Sybarites, en renchérissant sur le luxe & la mollesse des Anciens, n'avoient pris soin de justifier cette exagération de l'histoire. A la place de Sybaris, on ne trouve plus qu'un Couvent de Capucins qui, sans s'en douter, foulent de leurs pieds nuds le même sol que ces beautés célèbres, que ces *hommes-femmes* qui se trouvoient trop durement couchés sur des lits de roses. Mais le climat n'a rien perdu de sa douceur ni la terre de sa fécondité. Ce riche vallon fertilisé, non des mains du travail, mais des mains prodigues de la nature, présente encore aux voyageurs l'aspect d'un des plus beaux pays de l'univers. Il leur a fourni plusieurs tableaux dont ils ont enrichi leur ouvrage ; enfin ils font un dîner champêtre sur l'herbe qui croît à la même place où étoient les palais & les boudoirs de Sybaris. » Que l'on » imagine une vallée délicieuse, toute remplie » ou semée de bosquets touffus d'orangers & » de citronniers, dont l'air est embaumé de » toutes parts, une terre prodigue de fruits & » couverte de fleurs qui y croissent naturelle- » ment, dans le climat le plus doux & le plus » tempéré de toute l'Italie : voilà quel étoit le » pays de cette fameuse Sybaris, dont il ne » reste aujourd'hui que le nom. Ce vaste & » immense bassin est comme circonscrit par de » superbes montagnes élevees en amphithéâtre, » qui offrent les formes & les sites les plus » imposans ; la mer s'avançant ensuite un peu » dans les terres du côté du Nord, semble venir » exprès pour embellir ce lieu de délices, y » apporter de la fraîcheur & achever la déco- » ration de ce pays sublime. Enfin on y placeroit » Sybaris, quand même elle n'y auroit pas » été, & on l'y reconnoîtroit à l'idée que » l'histoire nous en a laissée «.

Non loin de cette ville étoit Crotone, sa

rivale, si fameuse par la vigueur de ses athlètes, & la beauté de ses femmes; avantages qu'elle devoit moins au climat, comme on l'a prétendu, qu'à la vertu & à la tempérance de ses citoyens. Cette République, fondée par *Philoctète*, fut la patrie des héros, comme Sybaris le fut d'un peuple efféminé, & par le contraste qu'elles offroient, il étoit facile de prévoir que l'une seroit bientôt la proie & l'esclave de l'autre.

Enfin nous entrons avec notre guide dans la Calabre ultérieure, ayant d'un côté les Apennins & leurs sublimes horreurs, & de l'autre les rians rivages de la Mer *Ionienne*, où l'on rencontre par-tout des sites enchantés. L'on voit avec douleur les habitans d'un pays si favorisé de la Nature, livrés à la paresse & au découragement, plongés dans l'ignorance la plus profonde, & courbés sous le joug de la plus honteuse superstition. Mais que dis-je! Heureux nos Voyageurs d'avoir vu ce pays avant la terrible catastrophe qui vient de l'engloutir! Mille fois plus heureux de n'avoir pas été les témoins de cet affreux bouleversement, dont le seul récit nous arrache encore des pleurs & fait frémir les ames sensibles. Ces lieux ne sont plus les mêmes; tout y a changé de face depuis le passage des Dessinateurs; un instant a fait disparoître & les villes & les citoyens. Qui peut donc, sans frémir, penser aux désastres de la Calabre ? » Qui peut, d'un œil » sec, parcourir un des plus beaux pays de la » Nature, sur lequel les tremblemens de terre » ont déployé toute leur rage avec une fureur » dont il n'y a point d'exemple? Qui peut enfin, » sans une terreur profonde, considérer l'em- » placement des villes dont le sol même a » disparu «.

Multa .. ceciderunt mœnia magnis
Motibus in terris, & multa per mare pessùm
Subsedere suis pariter cum civibus urbes :
....
Tecta supernè timent, metuunt infernè cavernas
Terraï ne dissolvat natura repentè. Lucrèce.

La secousse la plus terrible, celle qui a enséveli sous les ruines des villes plus de vingt mille habitans, n'a duré que deux minutes, & ce court intervalle a suffi pour tout renverser & & pour tout détruire.

Ceux qui desirent des détails sur cet affreux évènement, & qui ont besoin de s'attendrir à ce récit douloureux, trouveront de quoi nourrir leur sensibilité dans le Voyage pittoresque. M. l'Abbé de S*** a réuni par supplément dans ce volume & à la fin du suivant, les détails les plus circonstanciés, les particularités les plus touchantes de cette scène d'horreurs, d'après le récit des témoins oculaires (*). Il a senti qu'on voudroit comparer ces lieux jadis si rians avec ce qu'ils sont maintenant. C'est sans doute un intérêt de plus pour son Ouvrage; » mais en » même-temps, ajoute-t-il, il est bien affreux » de ne pouvoir présenter à nos Lecteurs, à » mesure que nous avançons dans ce malheu- » reux pays, que des vues & des sites de villes » qui n'existent plus, & déja renversées & dé- » solées par ce terrible fléau «.

Tel est le sentiment pénible qui accompagne le Voyageur autour de la Calabre ultérieure, & vient troubler le plaisir que nous aurions à contempler les vues de ces lieux jadis si fortunés. On trouve d'abord *Squilace*, Colonie fondée par les Athéniens; *Gérace*, ou l'ancienne *Locres*, République qui se gouverna par les loix de *Zaleucus*, le Lycurge de cette partie de l'Italie. Par l'une de ces loix, il n'étoit permis qu'aux courtisanes & aux seules femmes qui vivoient du produit de leurs prostitutions de porter des

(*) Il faut lire particulièrement le Mémoire fait à ce sujet par M. le Commandeur de *Dolomieu*, & inséré à la fin du cinquième Volume, ou seconde Partie du Voyage de la Sicile.

pierreries & des habits riches & somptueux : notre *Henri IV*, qui fit une loi toute pareille, étoit animé du même esprit que ce Législateur, mais il vint trop tard pour la faire observer. C'est dans ce même lieu de *Gérace*, que la Princesse de ce nom, chérie de tout le pays par sa bienfaisance, perdit la vie avec quatre mille de ses vassaux. De là, côtoyant des rochers escarpés qui terminent la chaîne des *Apennins*, on descend dans une plaine fertile, & à travers les mûriers & les orangers qui forment un jardin continuel, on arrive à Reggio, située à l'extrémité de l'Italie, d'où l'œil découvre Messine, le terrible Etna & une partie de la Sicile. Reggio, dont l'ancienne République étoit modelée sur celle d'Athènes, n'est plus que l'ombre de ce qu'elle étoit autrefois. La description & les vues que l'Auteur nous donne de cette ville & de ses environs qui tiennent de la féerie, ne forment qu'un contraste plus frappant avec l'état misérable où tout ce beau pays est maintenant réduit.

De cette dernière ville d'Italie, nos Voyageurs s'embarquent pour remonter la mer *Tyrrénienne*, & faire ainsi le tour de la Calabre. On les suit avec crainte à travers les écueils de *Caribde* & de *Scylla*, à la vue de ce même rocher qui, depuis, s'écroulant dans la mer, fit périr le

Prince de Scylla avec douze cents perſonnes qui s'étoient réfugiées près de lui ; puis venant débarquer à *Tropea*, ville bâtie comme par enchantement ſur la pointe des rochers, on remonte avec eux les Apennins, où, au milieu des ſites les plus pittoreſques, on rencontre les ruines de l'antique *Hypponium*, l'une des villes les plus floriſſantes de la *Grande-Grèce*, fameuſe par ſes temples & par ſes fleurs, & qui a fait place à la ville de Monte-Leone, où l'on comptoit, avant le déſaſtre de la Calabre dix-huit mille habitans.

Nicaſtro s'offre enſuite aux regards, bâtie dans le plus agréable payſage, au milieu de caſcades naturelles qui ſe précipitent du haut des montagnes, & répandent ſur tout ce pays la verdure & la fraîcheur la plus délicieuſe. La température y eſt ſi douce, qu'au 7 Décembre les Voyageurs ſe croyoient aux plus beaux jours de printemps : arrivés au ſommet des montagnes, ils ſont tout-à-coup tranſportés ſous un autre ciel ; puis voyageant au milieu des brouillards & des frimats par les chemins les plus périlleux, ils arrivent dans des lieux ſi ſauvages, que les habitans fuyent à leur aſpect : à *Nicoloſimi* ſur-tout, les femmes ſe ſauvoient à la vue de ces Etrangers, & ſe barricadoient dans leurs maiſons ; mais revenues de leur première frayeur, quel fut à leur tour l'étonnement de nos Voyageurs d'apprendre que le nom de *Voltaire* étoit connu & cité au milieu de ces montagnes inaccessibles ! Tel est le privilége du génie, il franchit toutes les barrières que la nature, les préjugés ou l'opinion voudroient mettre entre un grand homme & les respects de l'univers.

Près de là étoit l'antique Thémèse, citée par Homère & par Ovide, pour l'abondance de ses mines, & par Cicéron, pour avoir excité la cupidité de *Verrès*. Enfin on arrive à *Cosenza*, ancienne capitale des Brutiens, & maintenant de la Calabre citérieure ; ville située à la naissance & sur les bords du Crati, ce même fleuve ou torrent qui couloit à Sybaris. Les bords de ce fleuve semblent un jardin potager planté d'arbres fruitiers, & dans toute cette Calabre regardée, même en Italie, comme un pays sauvage & pauvre, il n'y manque, dit l'Auteur, que des chemins & des bras pour en faire le *Pérou* du Royaume de Naples. On a peint les Calabrois sous des couleurs trop rembrunies & souvent infidèles. On trouve, même parmi les paysans, de l'hospitalité, de la cordialité, de la franchise ; mais en général ils gémissent sous le gouvernement des loix féodales, qui y règnent encore dans toute leur rigueur ; ils sont accablés de taxes arbitraires : toute activité chez

chez eux, toute émulation eſt éteinte, & les » Calabrois ſemblent, en murmurant de leurs » chaînes, ne s'occuper qu'à gâter tout ce que » la plus belle & la plus féconde nature produit » en dépit d'eux dans cette délicieuſe partie de » l'Italie «.

Mais où vont s'égarer nos plaintes & nos reproches? Ce ſont nos pleurs qu'ils méritent; toute cette contrée porte encore les marques effrayantes d'un fléau deſtructenr; Coſenza même a été preſqu'entièrement renverſée ſur ſes fondemens. Ah! plutôt ſoulageons nos cœurs par une remarque honorable à l'humanité. Non-ſeulement le Roi de Naples, Souverain du pays, & le Grand-Maître de Malte, y ont fait porter les plus prompts ſecours; mais le Roi de France, à la première nouvelle du déſaſtre de Meſſine & de la Calabre, a fait partir de Toulon deux frégates chargées de farine, pour ſubvenir aux beſoins les plus preſſans de ce peuple infortuné. Soins généreux, qui n'ont pas eu peut-être tout le ſuccès qu'on devoit s'en promettre, mais dont j'aimerois mieux pour la poſtérité conſerver le ſouvenir, que des détails d'une conquête ou du gain d'une bataille.

En quittant cet infortuné pays, nous rentrons avec nos Deſſinateurs dans la *Baſilicate*, où des vues pittoreſques, des payſages agréables &

frais, & des caſcades naturelles viennent repoſer la vue, & où l'imagination n'eſt point troublée par l'idée importune du malheur. A la richeſſe, à la beauté de ces lieux, on ſent qu'on ſe rapproche de Naples; & laiſſant à gauche *Pandoſie*, l'ancien Promontoire de *Palinure*, *Velie*, Colonie des Phocéens, qui dut ſa ſplendeur à ſon commerce maritime, on arrive à *Pœſtum* ou Poſſidonie, célèbre par ſes temples & par ſes roſes, & dont les ruines, quoique magnifiques, étoient ſi parfaitement ignorées & cachées ſous des brouſſailles, que ce n'eſt que par une eſpèce de miracle, qu'un jeune Artiſte de Naples, ou ſuivant d'autres, des chaſſeurs en firent la découcouverte, il y a environ trente ans, en parcourant au haſard cet emplacement inculte & ſolitaire.

Cette nouvelle donna l'éveil aux Savans & aux Artiſtes. On trouva trois temples de la plus haute antiquité & de la plus riche architecture, enſévelis ſous l'herbe; on croit qu'ils ſont l'ouvrage des Sybarites après la ruine de leur ville. S'il eſt ainſi, ce ſont les ſeuls reſtes qui pourroient nous donner une idée du goût & de la magnificence de ce peuple fameux, & de la perfection où il avoit porté les arts. Ces monumens *contre leſquels*, comme dit Pope, *ont conſpiré les ravages des barbares, le zèle des chrétiens, la piété des Papes & le feu des Goths*, ont cependant résisté aux outrages des temps & des hommes ; car les Grecs sembloient bâtir pour l'immortalité. Le grand temple sur-tout est l'un des plus magnifiques & des mieux conservés de toute l'antiquité.

Notre guide, toujours en se rapprochant de Naples, traverse Salerne, qui ne doit la célébrité de son école de Médecine, qu'aux Arabes long-temps maîtres du pays, & qui, dans des temps d'ignorance, cultivoient seuls avec succès cette science conjecturale. Il passe à *Nocera*, l'ancienne *Nucerie*, détruite par Annibal, rebâtie par les Romains, & renversée en grande partie dans l'éruption du Vésuve, si funeste à Herculanum & à Pompeïi, & où l'on remarque encore les restes d'un temple consacré à Bacchus, dans une Eglise dédiée à la Vierge ; il nous amène ensuite à *Caprée*, fameuse par la retraite & les débauches du plus affreux des Tyrans, qui cherchoit peut-être encore moins à cacher ses crimes, qu'à se mettre à l'abri des châtimens qu'il méritoit, mais qui ne put échapper à ses remords.

Nos Dessinateurs parcourent cette isle, leurs crayons à la main ; ils nous représentent les rochers d'où ce misérable faisoit précipiter ses victimes ; mais ils cherchent en vain ces palais magnifiques, ces bains, ces jardins délicieux: ces lieux, consacrés à la débauche la plus effrénée, sont maintenant l'asyle de la sévérité la plus outrée: des Chartreux habitent sur les débris du palais de Tibère: ses bains servent de retraite à un hermite; & d'humbles pêcheurs, plus tranquilles & plus heureux dans leur médiocrité, ont placé leurs cabanes dans les jardins que souilloient autrefois la présence & le sombre aspect de l'infâme & voluptueux Tyran. On revient avec plus de plaisir à *Sorrento*, ville bâtie par les Grecs sur le cap de Minerve, dans cette patrie du *Tasse* qu'il a immortalisée; où la fable avoit placé les syrènes enchanteresses, & où les vers plus séducteurs du chantre d'*Armide* & de *Renaud*, ont réalisé ou plutôt surpassé les récits de la fable.

Les environs de *Sorrente* & toute cette côte, sont bordés de maisons de plaisance & d'une suite de jardins délicieux qui, sous le plus beau ciel, & jouissant d'un éternel printemps, viennent se joindre & se confondre dans le même tableau, avec les riches côteaux du *Pausilippe* & les environs de Naples. Nos Voyageurs nous ramènent ainsi dans la capitale, après avoir fait le tour de toute la partie méridionale de l'Italie, jusqu'à ce que la belle saison nous permette de nous rembarquer avec eux & de les suivre en

Sicile, dont la deſcription ſera l'objet des deux derniers volumes du Voyage pittoreſque, & la matière du dernier Extrait de cet important & magnifique Ouvrage.

Ce volume eſt terminé par une gravure très-ſoignée d'une partie de la fameuſe Carte Théodoſienne, appelée communément de *Peuttinger*, ſeul monument des Anciens en géographie, & où l'on voit, en ſuivant les antiques voies romaines, les mêmes lieux dont il eſt parlé dans ce Voyage. Enfin, dans tout le pays que nous venons de parcourir, il n'eſt point de ſite qui ne ſoit le ſujet d'un deſſin agréable, ni de monument qui ne fourniſſe une gravure intéreſſante. Plus de cent Planches ainſi exécutées, & dont chacune eſt un tableau, enrichiſſent ce volume, & nous offrent tous les aſpects d'un des pays les plus curieux de l'univers.

IIIe & dernier EXTRAIT.

La Sicile.

LA Sicile, par ſon antique ſplendeur, ſon extrême fertilité, ſes monumens & ſes phénomènes, n'offre pas moins d'intérêt que le reſte de la Grande-Grèce, ſous la domination de laquelle elle étoit auſſi compriſe. En effet, ce ſont les Grecs qui ont défriché, civiliſé, embelli cette iſle. Ils y ont placé le berceau de leurs fables. Homère, & depuis, Virgile, les ont ornées de toutes les graces de l'imagination. La poéſie paſtorale y a pris naiſſance: Théocrite & Moſchus, les deux premiers modèles en ce genre, étoient de Syracuſe. Un beau ciel, un pays fertile en troupeaux, les douceurs & l'aſpect de la vie champêtre les ont inſpirés. Ils ont chanté les bienfaits de la Nature. Des Poètes, des Orateurs, des Philoſophes ont fleuri dans cet antique ſéjour des Arts. La Sicile a eu ſon ſiècle de gloire qui le diſpute à ceux de Périclès & d'Alexandre. Diodore y écrivoit ſon hiſtoire; Platon y voyageoit; Empédocle y mettoit en beaux vers les leçons de la ſageſſe; Xénophanes, Simonides, Zénon y venoient chercher un aſyle; Archimède y conſacroit ſes talens, ſon génie inventif & ſa vie entière à la patrie; enfin la Sicile, par la culture des arts, ſon goût & ſes monuments, le diſputoit à la Grèce même. Mais depuis, ſubjuguée par les Romains, elle ne conſerva de tant d'avantages, que ce que les hommes ne purent lui ravir, les biens de la Nature, ſon beau climat, ſon extrême fécondité ; & cette iſle devint alors la mère nourrice de ſes vainqueurs, le grenier & le magaſin de Rome.

C'eſt ce que l'Auteur du Voyage pittoreſque nous expoſe dans un Diſcours préliminaire, à la tête de ces deux derniers volumes conſacrés à la ſeule Sicile; & loin de ſe négliger dans le cours d'une entrepriſe auſſi longue, auſſi pénible & auſſi diſpendieuſe, il ſemble avoir redoublé de ſoins & d'efforts pour nous repréſenter ce pays, ſi célèbre dans tous les temps, & qui eſt encore aujourd'hui l'objet des études de tous les Amateurs des arts & de la nature.

Soit que l'on s'embarque à Naples même, ſoit que l'on parte de Reggio, comme ont fait nos Voyageurs, il faut repaſſer entre Carybde & Scylla, d'où l'on découvre Meſſine qui, s'élevant en amphithéâtre & dans une forme demi-circulaire, offre le plus riche aſpect que l'on puiſſe rencontrer. Son port eſt le plus vaſte de la Méditerranée, & le plus beau peut-être que la Nature ait jamais formé. Bordé, dans la longueur de plus d'une demi-lieue, d'une ſuite d'édifices auxquels leur régularité & leur magnificence avoient fait donner le nom de *Palazzata*, cette vue du plus beau quai qui exiſte dans aucune ville de l'Europe, l'intérieur de la ville orné de ſtatues, de colonnes, de places & de fontaines publiques, font de Meſſine une des plus agréables & des plus riantes habitations du Monde entier.

Hélas ! nous diſons ce que Meſſine étoit lors du paſſage de nos Voyageurs, & déja nous parlons d'une choſe qui n'eſt plus. Le terrible évènement qui a bouleverſé la Calabre, a renverſé Meſſine ; & de ces ſomptueux édifices, de cette riche façade, de cette ſuite de palais, il n'en reſte plus que le ſouvenir & les gravures du Voyage pittoreſque (*).

En côtoyant la mer, & à travers un pays montagneux & ſauvage, on arrive à Taormina, qui eſt l'ancienne ville de Tauroménium, où la vue eſt arrêtée à chaque pas par les ſites les plus variés & les plus curieux ; mais ce qui frappe d'abord les regards de tout Voyageur, c'eſt le théâtre qui, par ſa poſition admirable

---

(*) M. Houel, Peintre du Roi, a auſſi donné les vues de Meſſine avant la deſtruction de cette ville.

& son étonnante conservation, ne peut être regardé que comme un miracle de l'art & de la Nature. Ce théâtre est placé sur la cime d'une montagne très-élevée : l'imagination s'étonne à la vue de ces débris imposans. Taormina n'étoit pas cependant une ville du premier ordre, & nous y voyons les restes d'un monument bâti par les citoyens d'une petite République, qui pouvoit contenir cinquante mille spectateurs.

Au reste, il ne faut pas croire que le théâtre fût chez les Anciens comme parmi nous, seulement destiné à de frivoles amusemens, qu'on s'y rassemblât entre quatre murailles, dans des salles obscures & mesquines pour y entendre parler d'amour, & que les portes vénales ne s'y ouvrissent qu'à prix d'argent. C'étoit un lieu découvert, entouré de superbes portiques, dont l'entrée étoit libre à tout citoyen : c'est là que le peuple s'assembloit pour délibérer de la paix, de la guerre, & de tout ce qui intéressoit le salut de l'Etat. On y donnoit à la nation entière des fêtes, des spectacles propres à élever le courage & à nourrir l'amour de la patrie. Tout le reste du temps, le théâtre étoit le rendez-vous général des citoyens, qui y traitoient en commun des affaires de la République; en conséquence presque tous ont été construits avec la plus grande magnificence. Tel étoit celui dont nous parlons : auſſi l'Auteur du Voyage pittoreſque s'eſt-il particulièrement attaché à en donner une deſcription très-étendue. Pluſieurs Planches ſont conſacrées, tant au développement de ſes plans & de ſa conſtruction, qu'à ſon rétabliſſement.

Plus on approche de l'Etna, plus le pays, fécondé par la chaleur vivifiante du Volcan, devient fertile & couvert de productions.

Les Voyageurs tentent d'eſcalader le mont terrible de ce côté, pour redeſcendre du côté oppoſé où eſt ſituée Catane; mais ils y rencontrent tant d'obſtacles, qu'ils ſont forcés de renoncer à leur entrepriſe & de viſiter d'abord Catane, afin d'attaquer enſuite l'Etna par celui de ſes flancs qui offre le moins d'aſpérité, plus de repos & de reſſources.

Catane, l'une des plus anciennes villes de la Sicile, eſt encore aujourd'hui l'une des plus floriſſantes. On y trouve à chaque pas des traces de ſon antique ſplendeur; on voit encore les ruines du théâtre d'où Alcibiade, lors de l'expédition des Athéniens en Sicile, harangua le peuple. La multitude avide de voir & d'entendre cet homme extraordinaire, étoit accourue au théâtre, & tandis qu'il les amuſoit par ſes graces & ſon éloquence, ſes troupes, reſtées au-dehors, s'emparoient de la ville.

Catane a éprouvé à différentes époques le même ſort qu'Herculanum ; elle a été ſuceſſivement couverte par les cendres & les laves de l'Etna, comme l'autre par celles du Véſuve. Les découvertes que l'on fait tous les jours, atteſtent ces révolutions ; & le Prince de Biſcaris, l'un des plus riches Seigneurs de la Sicile, & connu par ſon amour pour les arts, a fait faire des fouilles conſidérables dans le ſol de la ville actuelle, qui cache une autre ville ſous ſes fondemens.

De tout ce qui peut rendre ces lieux intéreſſans, il n'eſt rien qui frappe autant les regards & l'imagination que cette muraille formée par les laves refroidies de l'Etna, qui ceignent la ville de Catane, & lui font un rempart de fer qui s'élève à la hauteur de cinquante à ſoixante pieds. Tous les environs, tourmentés par les convulſions du Volcan, préſentent l'image encore récente d'un grand bouleverſement ; en effet aucune ville n'a plus ſouffert que *Catane*, qui a été preſqu'entièrement renverſée en *1669*. Mais tel eſt l'empire de l'habitude, ou plutôt l'avantage de la fertilité inconcevable de ce pays, que ceux qui habitent ſur les bords du gouffre, y vivent dans la plus grande ſécurité, & qu'actuellement encore *Catane*, par ſa richeſſe & ſa population, eſt la ſeconde ville de la Sicile.

De là l'œil contemple avec étonnement ce terrible *Etna* qui ſe prolonge à une élévation eſtimée trois fois plus grande que celle du Véſuve, dont les vaſtes flancs s'étendent à une diſtance que la vue ne ſauroit meſurer, & dont la Sicile entière ne ſemble être que la baſe. Les Voyageurs, excités par l'enthouſiaſme qu'inſpire l'aſpect de ces lieux, irrités par la difficulté même, & le peu de ſuccès de leur première tentative, ſe déterminèrent à entreprendre un ſecond voyage ſur l'*Etna*.

Ce coloſſe volcanique dont la tête ſemble ſe perdre dans les cieux, ſe partage en pluſieurs régions, ſuivant les diverſes températures qu'on y rencontre. La partie inférieure, ou le pied de la montagne, *regione Piemonteſe*, eſt d'une fertilité prodigieuſe, bien cultivée, & couverte d'habitations charmantes. La deuxième région, eſt celle des bois, *regione Silvoſa :* elle eſt couverte d'immenſes forêts où la coignée n'a jamais pénétré. On y diſtingue l'arbre *di cento cavalli*, ainſi nommé, parce que cent chevaux pourroient facilement ſe ranger à l'abri de ſon ombre. La troiſième région eſt celle des neiges, qu'on appelle auſſi *regione ſcoperta*, parce qu'elle eſt dépouillée de verdure, qu'aucune ſorte de végétation n'y ſauroit exiſter, & qu'elle eſt en effet couverte de neige dans l'eſpace de plus de ſix milles. C'eſt après avoir traverſé ces neiges amoncelées depuis tant de ſiècles, qu'on arrive à la dernière région, qui comprend tout le ſommet de l'*Etna*. C'eſt un cône de glaces preſque toujours inacceſſibles, au milieu duquel eſt ſitué le crater même du Volcan. Ces ſommets glacés entourent les bouches à feu de l'*Etna*, ſans que les flammes qui s'échappent à travers puiſſent faire fondre ces glaces éternelles ; on y éprouve en même-temps un froid très-vif, & une chaleur exceſſive.

Depuis *Catane* juſqu'à l'endroit où l'homme le plus intrépide peut pénétrer, il y a quarante milles, c'eſt-à-dire, environ quatorze lieues, qu'on ne peut gravir qu'avec beaucoup de peine, & non ſans de grands dangers. On ſe trouve près de la *tour du Philoſophe*, ainſi appelée du nom d'Empédocle, qu'une tradition incertaine y fait périr, pour avoir voulu imprudemment examiner de trop près, & approfondir ce grand myſtère de la nature. Le Volcan a trois ouvertures ou trois bouches différentes, & c'eſt de celle du milieu que s'exhalent perpétuellement les vapeurs de ce feu auſſi ancien que le monde.

» De ma vie, dit le Voyageur qui nous ſert » de guide, je n'oublierai l'impreſſion que me » fit éprouver l'approche de ce lieu terrible, qui » ſemble proſcrit aux humains, & dévoué aux

» divinités infernales. Ici tout eſt étranger à la » nature : nulle végétation, nul mouvement » d'aucun être vivant n'y trouble le ſilence » effrayant de la nuit : tout y eſt mort, ou » plutôt rien n'a commencé d'y vivre. Dans ce » cahos des élémens, un air éthéré qui vous » preſſe de toutes parts, plus vif, plus ſubtil » que celui auquel notre exiſtence eſt accou- » tumée, étonne l'imagination, & avertit » l'homme qu'il eſt hors de la région où ſes » organes l'enchaînent. Nulle autre lumière que » celle des vapeurs enflammées du crater qui » nous éclairoit, & cette lumière myſtérieuſe » qui nous ſervoit de fanal, me faiſoit regarder » le lieu où nous avions eu la hardieſſe & le » courage de pénétrer, comme le ſanctuaire » même de la nature «.

Le lever du ſoleil, à l'obſerver de cette partie de l'univers, eſt le ſpectacle le plus grand, le plus impoſant que l'œil humain puiſſe contempler, & les Voyageurs ſont payés du prix de toutes leurs fatigues & de leurs peines, quand ils ont pu de là, aſſiſter à cette ſcène majeſtueuſe qu'on tenteroit vainement de décrire, & qui ſemble être le réveil de la nature.

Si quelque choſe pouvoit ajouter à l'intérêt qu'inſpire le Journal ſeul des Deſſinateurs, c'eſt la relation d'un autre voyage fait ſur le même

Volcan par M. le Commandeur de Dolomieu. On y admire le ſang-froid & l'intrépidité de cet habile obſervateur de la nature. Enfin, M. l'Abbé de S*** n'a rien oublié pour répondre à la majeſté du ſujet. Vingt planches conſacrées aux vues de *Catane*, à celles de l'*Etna* & de ſes environs, peuvent ſatisfaire pleinement la curioſité du Lecteur, qui s'éloigne à regret de ces ſcènes attachantes.

Preſſés d'arriver à *Palerme* pour les fêtes de Sainte-Roſalie, le moment où cette ville a le plus d'éclat, nos Voyageurs traverſent la Sicile: ils rencontrent *Adranum*, où ſont les reſtes oubliés d'un temple de *Mars*; *Centorbi*, dont Cicéron parle dans ſes harangues contre *Verrès*, comme de l'une des plus grandes & des plus riches cités du pays, & maintenant peuplée de Moines & de trois mille habitans infortunés; *Argyre*, patrie de l'hiſtorien Diodore, & qui le diſputoit à *Syracuſe* même, mais où l'on cherche vainement des traces de ſon ancienne ſplendeur; *Sperlinga*, qui n'eſt plus rien, mais qui doit être chère à tout François qui voyage en Sicile, puiſque cette ville fut la ſeule qui refuſa de prendre part au maſſacre de nos concitoyens, lors des Vêpres Siciliennes:

Quod ſiculis placuit, Sperlinga ſola negavit.

Plus loin, on trouve l'antique & célèbre *Enna*, la patrie de Cérès, qui mérita d'être mise au rang des immortels, pour avoir enseigné aux hommes le premier & le plus utile des arts, l'art du labourage. Cérès est l'emblême de la fertilité du pays, & cette partie de la Sicile, le berceau de l'agriculture. L'imagination des Poëtes, & sans doute la reconnoissance des peuples en ont fait le séjour des Dieux, & les Historiens en parlent comme les Poëtes. Diodore de Sicile, Cicéron, Tite-Live nous vantent l'antique *Enna*, ses fleurs odoriférantes ; le Temple consacré à Cérès & si révéré de toute l'antiquité, que le peuple y alloit en pélerinage de toutes les parties de la Sicile & de l'Italie, avec autant d'affluence & de dévotion qu'il court aujourd'hui à *Notre-Dame de Lorette*. Enfin Ovide y place l'enlèvement de Proserpine, au milieu des fleurs & des Nymphes, près du lac qui a depuis conservé le nom de cette Déesse. C'est ce que tous les Antiquaires & les *Cicéroné* du pays ne manquent pas de répéter & de montrer avec emphase aux curieux, qui doivent les en croire sur leur parole ; car toutes ces merveilles ont disparu. Ce pays triste & sauvage, n'a plus rien qui puisse le faire reconnoître. Les habitans, plongés dans la misère & l'ignorance, ne peuvent revenir de leur étonnement, de voir des

» Etrangers

Etrangers venir de ſi loin, pour chercher des ruines, examiner des pierres, & contempler des déſerts. Enfin, après avoir traverſé la plaine où fut l'antique *Hymère*, ſi long-temps le théâtre de la guerre des Grecs & des Carthaginois, & où Diodore place les bains d'Hercule, on arrive à *Palerme*, capitale actuelle de toute la Sicile.

Cette ville, par ſes modernes agrémens, eſt l'une de celles qui arrêtent le plus long-temps nos Voyageurs. » Des rues bien alignées, de » magnifiques portiques, des places régulières, » des fontaines publiques, & des fontaines par- » ticulières juſqu'au quatrième étage de pluſieurs » maiſons, des Egliſes ſuperbes, & des pro- » menades charmantes, un air ſain, une grande » population, & cependant une propreté qu'on » ne trouve dans aucune ville de la Sicile : un » commerce conſidérable, une grande quantité » de Maiſons nobles, riches & faſtueuſes ; un » climat chaud, des paſſions vives, de jolies » femmes, & des mœurs de Sybarites ; on peut » juger d'après cela, ſi le ſéjour de *Palerme* eſt » agréable aux Etrangers «.

Il y a peu de villes en Europe où le ton général de la ſociété ſoit plus aimable, les manières plus affables, la vie plus douce & plus molle, la liberté plus entière, en un mot, où les mœurs ſoient plus Françoiſes que dans

cette capitale. Les riches & voluptueux *Palermitains*, ont aussi leur promenade de nuit, non dans un marché public, mais sur le bord de la mer & dans une situation charmante; l'air frais & pur qu'on y respire, d'excellens concerts, une ombre officieuse y attirent sur le soir tout ce qu'il y a de brillant dans la ville; c'est le rendez-vous de toutes les beautés, & de tous les élégans de *Palerme*. » Il règne à cette pro-
» menade l'obscurité la plus mystérieuse & la
» plus respectée; tout le monde s'y confond &
» s'y perd, s'y cherche & s'y retrouve..... On
» ne se couche jamais à *Palerme* que l'on n'ait
» fait un tour *alla Marina*: il semble que ce soit
» un lieu privilégié, avec indulgence plénière
» pour tout ce qui s'y rencontre, & que le
» Sicilien ait oublié en sa faveur son penchant
» à la jalousie, jusqu'à y défendre l'arrivée des
» flambeaux, & tout ce qui peut gêner les petites
» libertés clandestines «.

Les Etrangers ne s'arrachent qu'à regret d'un séjour qui a pour eux tant de charmes. Cependant après avoir joui de ce spectacle, après avoir vu les courses de chevaux, & sur-tout les fêtes & le char de Sainte-Rosalie, Divinité tutélaire du pays, & qui a remplacé aux yeux du peuple les fêtes & le char de *Cérès*, nos Dessinateurs visitent les environs de *Palerme*, que l'on peut appeler le jardin de la Sicile : ils traversent l'ancienne *Hyccare*, patrie de la célèbre *Laïs* qui, la première, chez les Grecs corrompus, illustra le métier de courtisanne, & viennent à *Ségeste*, ville bâtie par *Enée*, si l'on en croit *Virgile* :

Interea Æneas urbem designat aratro.

Les Ségestains reconnoissans, élevèrent un Temple à leur fondateur, & lui accordèrent des honneurs presque divins. Celui de *Diane* dont parle *Cicéron* dans *Verrès*, n'étoit pas moins célèbre ; mais le Temple de *Cérès* l'emportoit sur tous les autres, & on en voit encore les restes parfaitement conservés dans des lieux incultes & déserts, qui accusent l'indifférence des Siciliens pour un des chef-d'œuvres de l'art. Peu de monumens présentent un aspect aussi imposant que ce Temple de *Ségeste*, & peuvent autant rappeler aux yeux du Voyageur cette sévérité noble & majestueuse qui caractérise les premiers ouvrages des Grecs & l'origine de l'architecture. C'est ce dont le Voyage pittoresque nous met à portée de juger, en nous présentant plusieurs vues de ce monument, ainsi que les détails exacts de son architecture, rendus avec autant de fidélité que de goût & d'esprit.

En gagnant les bords de la mer, nos Dessinateurs arrivent à *Trapani*, jadis *Drepanum*, célèbre par la beauté de ses femmes, & où l'on trouve encore, sur-tout dans l'intérieur des terres, ces traits réguliers, ces beaux profils Grecs, que le ciseau de leurs Artistes nous a encore plus fidèlement conservés que la nature. On parcourt avidement toute cette plage, illustrée par *Virgile*; mais on ne retrouve ni la ville fondée par *Enée*, ni le tombeau d'*Anchise*, ni les bosquets sacrés dont il étoit entouré; un désert aride & découvert a pris la place de ces lieux enchantés.

En se détournant sur la droite, on arrive au mont *Erix*, où étoit ce fameux Temple dédié à *Vénus Ericine*, & qui rappelle tant d'idées voluptueuses : toujours chargé des riches offrandes de la Grèce & de l'Italie, il étoit révéré comme le sanctuaire de la religion des Anciens. Les plus belles femmes de l'univers étoient les Prêtresses de ce Temple & en faisoient tous les honneurs, ce qui ne servoit pas peu à réchauffer la dévotion des fidèles. Pour y être admises, & se consacrer au culte de la Déesse, il falloit faire preuve de beauté, comme on fait aujourd'hui preuve de noblesse pour être reçu dans quelques Chapitres d'Allemagne, & les premières n'étoient jamais équivoques; mais excepté la montagne d'*Erix*, rien ne se retrouve plus que les vers de l'enchanteur qui nous a ſi agréablement trompés.

Revenant de là ſur la gauche, & côtoyant les bords de la mer, les Voyageurs arrivent dans les plaines où étoit *Selinunte*, ville Grecque, l'une des plus ornées de l'antiquité, où les arts avoient été portés à leur perfection, & dont les débris renverſés ſur la terre ſont encore ſi impoſans, qu'ils impriment un reſpect involontaire. La vue ſeule de ces ruines, rendues dans des deſſins pleins de vérité, quoique néceſſairement privés de l'illuſion & du charme des couleurs, fait encore la même impreſſion ſur les Lecteurs.

Le Voyageur pittoreſque, après nous avoir donné pluſieurs de ces vues, y joint une table comparative, infiniment curieuſe, des temples, des théâtres, & de pluſieurs autres monumens antiques de la Sicile, où l'on peut d'un coup-d'œil juger de la différence & de la grandeur relative de chacun de ces édifices.

Une réflexion qu'on a ſouvent occaſion de faire en parcourant tout ce pays, c'eſt que les Grecs ont été, dans les arts, les maîtres des Romains, qui ne les ont jamais ſurpaſſés, ni même égalés, & qu'ils ſont encore aujourd'hui nos modèles les plus parfaits dans tous les genres. On peut ajouter que dans les monumens des

Anciens, on remarque toujours un grand respect pour le peuple ; tout y étoit fait pour lui : une simple petite République, comme *Selinunte*, faisoit, pour se procurer de l'eau, pour un temple, pour un théâtre, de ces travaux qui étonneroient le faste mesquin des Souverains modernes. Chez eux le luxe étoit public, la modestie privée, & ce n'est pas en cela que nous nous sommes piqués d'imiter nos maîtres & nos modèles.

Près de là sont les thermes de *Selinunte*, aujourd'hui *Sciacca*, patrie d'*Agathocles*, où la Fable, qui a certainement un fondement dans l'Histoire, a placé le tombeau de *Dédale*, ce génie universel, inventeur de tous les arts. Enfin l'on descend vers *Agrigente*, maintenant *Girgenti*, où les Peintres Voyageurs firent une triste épreuve de l'hospitalité Agrigentine, autrefois si renommée ; & au lieu des palais de *Gelias*, & des émissaires qu'il envoyoit au-devant des Etrangers, ils furent trop heureux de trouver un peu de paille & un méchant grenier pour leur servir d'asyle.

Agrigente, patrie d'*Empedocle*, étoit après *Syracuse*, la première ville & la plus considérable de la Sicile. On peut encore voir dans *Diodore* & dans *Polybe*, la description que ces Historiens nous ont laissée de cette ville, célèbre par le nombre de ſes monumens & le luxe prodigieux de ſes citoyens. Dans les temps de ſa ſplendeur, ſa population ne montoit pas à moins de huit cents mille habitans; à peine en contient-elle aujourd'hui quinze mille; mais dans cet état même de dégradation, rien n'eſt plus intéreſſant que ces débris aux yeux des Amateurs de l'antiquité. On citoit ſur-tout le nombre & la magnificence de ſes Temples : aucune ville n'étoit plus riche en ce genre. Parmi ceux qui exiſtent encore, on diſtingue le Temple de *Junon-Lacinie*, enrichi par *Zeuxis*, qui, au rapport de *Pline*, y avoit repréſenté la Déeſſe, d'après cinq jeunes vierges de la plus excellente beauté, en prenant de chacune d'elles ce qu'elle avoit de plus parfait pour lui ſervir de modèle : celui de la Concorde, le plus conſervé de tous les Temples de la Sicile, & le ſeul dont on ait pris quelque ſoin, grace à un vieux Saint qu'on y révère, & qui y fait journellement des miracles. Mais ce qu'il y a de plus miraculeux ici, dit l'Auteur, c'eſt que dans un pays ſujet à tant de révolutions, & ſur-tout après plus de deux mille ans, ce Temple poſsède encore en entier toutes ſes colonnes.

On voit auſſi les ruines des Temples d'*Eſculape*, d'*Hercule*, ſur-tout celui de *Jupiter Olympien*, à qui ſa grandeur, ſa majeſté, &

ſes immenſes proportions avoient fait donner le ſurnom de Temple des *Géans*, comme ſi les hommes n'euſſent pu élever un auſſi hardi & auſſi prodigieux édifice. Quelques fragmens de chapiteaux & de colonnes, qui exiſtent encore, juſtifient ce ſurnom; mais tous ces débris reſpectables, ainſi que ceux des Temples de *Caſtor* & *Pollux*, de *Minerve* & de *Cérès*, ſont dans un tel état de délabrement, qu'on peut à peine donner une idée de leur plan & de leur conſtruction. Dix-neuf planches ſont employées à rendre ce qu'on a pu deſſiner de ces reſtes précieux.

Les eſprits y ſont encore plus dégradés que les monumens. La nature y eſt toujours riche & les hommes miſérables. Tous les environs de cette antique cité offrent un pays & des aſpects délicieux, qui contraſtent ſingulièrement avec les habitans de la nouvelle *Agrigente*, la plupart pauvres, triſtes, dévots & ſauvages.

Toute cette partie de la Sicile eſt frappée de la même dégradation. En côtoyant toujours la mer, on cherche envain l'ancienne ville de *Gela*, qui a totalement diſparu : deux petites villes modernes, *Alicata* & *Terranuova*, ſe diſputent l'honneur de l'avoir remplacée.

La proximité où les Voyageurs ſe trouvoient, dans cette partie de la Sicile, de l'iſle de Malte, les engagea à y faire une légère & rapide excurſion, dont il réſulte cependant pour le Voyage pittoreſque une ſuite de vues, de plans & de cartes infiniment curieuſes, & qui ſuffiſent pour donner une idée de la forme & des détails de ce rocher célèbre.

De retour ſur les côtes de la Sicile, & après avoir doublé la pointe de l'iſle ou cap *Paſſaro*, nos Deſſinateurs arrivent à *Syracuſe*, autrefois la capitale de la Sicile, & l'une des plus riches & des plus magnifiques villes de l'univers : il n'y en a peut-être aucune aujourd'hui qui ſoit plus pauvre, plus miſérable, & qui ait plus ſouffert de l'outrage des tems & des hommes.

On voit dans le plan détaillé ou vue à vol d'oiſeau de l'antique *Syracuſe*, que nous offre le Voyage pittoreſque, & qui a été fait d'après les Hiſtoriens, les monumens & la deſcription qu'en a laiſſée *Cicéron*, que cette ville immenſe avoit vingt-un milles ou ſept lieues de circuit, & qu'elle devoit être au moins de la grandeur de Paris. Les murailles qui l'entouroient & qui étoient bâties pour la ſûreté, & non pour la ruine des citoyens, exiſtent encore en grande partie. Son port, formé par la nature, l'un des plus beaux & des plus heureuſement ſitués qu'il y ait dans le monde, eſt toujours le même ; il n'y manque que des vaiſſeaux. Les Grecs avoient décoré *Syracuſe* de tous les tréſors des arts. On ſait que les Romains ayant pris cette ville, long-temps défendue par le génie d'*Archimède*, en enlevèrent les ſtatues & les tableaux, chef-d'œuvres des plus excellens Artiſtes, pour en orner le triomphe du vainqueur, & ſervir d'embelliſſement à *Rome*, encore groſſière & ſauvage : le temps & les Barbares ont achevé l'ouvrage des Romains.

Le ſeul monument antique dont il exiſte quelques reſtes un peu conſervés, eſt un Temple de *Minerve*; on en a fait la Cathédrale de la moderne *Syracuſe*. Le théâtre, autrefois le plus célèbre de la Grande-Grèce, n'offre plus que des débris informes. Le Temple de *Jupiter Olympien* n'exiſte plus que dans deux fûts de colonnes tronquées, & à la place eſt un Couvent dédié à la Vierge; mais on chercheroit envain & le grand Temple d'*Eſculape* décrit par *Athénée*, & celui de *Diane*, Divinité tutélaire de *Syracuſe*, & les chapelles dépouillées par *Verrès*, & le tombeau d'*Archimède*, retrouvé par *Cicéron*.

Il ſemble que par une deſtinée particulière à *Syracuſe*, il n'y ait que les objets qui rappellent des idées affligeantes qui y exiſtent encore en entier. Telles ſont ces fameuſes carrières de *Denys* le Tyran, lieux redoutables à l'innocence, & où cet homme, auſſi méchant Prince que méchant Poète, envoyoit jufqu'à ceux qui trouvoient fes vers mauvais. Chaque pays a eu fes carrières; & combien ont gémi dans ces gouffres, qui n'étoient pas plus criminels que *Philoxène*! telles font encore ces immenfes *latomies*, où des milliers d'Athéniens furent renfermés, & périrent de faim & de misère; enfin, ces *catacombes*, les plus vaftes que l'on connoiffe, & qui forment une ville fouterraine peuplée de tombeaux. L'afyle de la mort & du néant eft donc aujourd'hui ce qui peut nous donner une plus jufte idée de l'ancienne fplendeur & de la population de *Syracufe*.

L'Auteur du Voyage pittorefque n'a rien oublié de tant d'objets divers : vingt deffins différens, & qui tous ont un attrait particulier, font confacrés à *Syracufe* & à fes environs. Près du Temple de *Jupiter*, en remontant la rivière de l'*Anapus*, & fur la fontaine *Cyanée*, nos Voyageurs trouvent le *Papyrus*, cette plante curieufe, & autrefois fi utile, qui n'exifte dans le monde que fur les marais que forme le Nil dans fes débordemens, & fur cette fontaine tranquille & ignorée : la defcription & les gravures qui la repréfentent, font également curieufes.

Après avoir vu, obfervé & deffiné tout ce que ce pays renferme de monumens & d'objets intéreſſans, les Deſſinateurs achèvent leurs courſes pittoreſques, en paſſant ſur les ruines de *Leontium*, & ſe retrouvent à *Catane*, après avoir fait ainſi, le crayon à la main, le tour de la Sicile entière.

Enfin, l'Auteur, pour ne rien laiſſer à deſirer de tout ce qui a trait à cette partie du Royaume de *Naples*, a réuni & donné comme ſupplément à ſon Ouvrage, un Mémoire de M. le Commandeur de *Dolomieu*, contenant les obſervations les plus curieuſes ſur les Volcans éteints, & l'hiſtoire naturelle de cette partie de la Sicile. Il en eſt de même d'une deſcription des iſles de *Lipari*, que cet habile Naturaliſte a obſervées avec ſa ſagacité & ſon exactitude ordinaires.

Le tout eſt terminé par une explication ſommaire des Médailles de la Sicile, qui contient ce que les Antiquaires ont écrit de plus judicieux & de plus exact ſur ce genre de monument ſi inſtructif pour la connoiſſance de l'hiſtoire & les progrès de l'art. Les ſoins particuliers que l'Auteur a apportés aux gravures de ces Médailles, les rendent un des principaux ornemens du Voyage pittoreſque. Dix-huit planches ſont deſtinées à ce ſeul objet, & plus de cent cinquante ſont conſacrées à ce qui concerne la Sicile.

TELLE eſt l'eſquiſſe rapide d'un des Ouvrages les plus importans qu'ait fait entreprendre l'amour paſſionné des Arts, & l'exécution eſt digne de l'eſprit & des vues qui l'ont inſpiré. Rien n'y eſt négligé, & l'on doit ſavoir gré à l'Auteur de s'être ſoutenu dans une auſſi longue carrière avec le même ſoin & le même intérêt: une pareille entrepriſe ſemble même excéder les moyens & la fortune d'un particulier; mais tel eſt le charme de ces Arts pour celui qui en eſt inſpiré, que toute idée d'économie, toute vue d'intérêt diſparoît, lorſqu'il eſt queſtion de leur gloire; c'eſt une maitreſſe charmante, dont on eſt enivré: aucune dépenſe, aucune parure ne coûte pour qu'elle puiſſe paroître avec plus d'éclat & d'avantages.

On ſent qu'une telle production ne pouvoit être le fruit des travaux d'un ſeul homme; M. l'Abbé de S.*** aime à payer un juſte tribut d'éloges & de reconnoiſſance à tous les talens qui l'ont ſecondé dans cette vaſte entrepriſe, & qui ont contribué à ſa perfection. A la tête des Artiſtes, il nomme MM. *Fragonard* & *Robert*, dont les deſſins pleins d'eſprit & d'imagination ont embelli cette collection; M. *Paris*, Architecte ingénieux & rempli de goût, auquel le Voyage pittoresque doit l'un de ses plus grands agrémens (*). Parmi les Savans & les Gens de Lettres qui l'ont aidé de leurs conseils, il se plaît à rappeler les noms de M. de *Champfort*, qui dans le *Précis Historique des Royaumes de Naples & de Sicile*, placé à la tête du premier volume, a tracé en peu de pages, mais à grands traits, le tableau des révolutions qu'ont éprouvé ces Royaumes ; il a su réunir la précision & la force, à l'élégance & aux graces ordinaires de son style : MM. de *Dolomieu*, *Romé de l'Isle*, *Faujas*, de *Non*, l'un des coopérateurs les plus zélés de cet Ouvrage, &c. S'il a dû à l'amitié de la plupart la communication de leurs lumières & de leurs travaux, M. l'Abbé de S*** a lieu de s'en applaudir ; mais toujours est-il vrai qu'il a été l'Architecte de ce vaste édifice. Artiste lui-même, exercé à voir & à juger les différentes

---

(*) Dans le nombre considérable de Graveurs du premier mérite qui ont été employés pour cet Ouvrage, on doit particulièrement distinguer M. *Duplessis Bertaux* qui a su rendre avec un esprit, & un intérêt infini, les charmantes compositions de figures, répandues dans toutes les Planches du Voyage de Naples. L'on peut dire que cet Artiste égale, dans ses eaux-fortes, pour la finesse du trait, ce que *La Belle* & *Callot* ont gravé, dans leur temps, de plus spirituel.

productions des arts, il a pu apporter un goût plus sûr, & plus éclairé à l'exécution des dessins & des gravures qui entrent dans son Ouvrage, ainsi qu'au choix des Artistes qu'il y a employés.

Quant à la partie du style, la diction en est en général claire, simple & naturelle, & nous croyons enfin qu'à tous égards, le *Voyage Pittoresque* est digne de figurer parmi les collections les plus précieuses, & doit plaire à tous les connoisseurs & aux vrais amateurs des Arts.

L'exécution typographique répond au reste de l'Ouvrage & fait honneur aux presses de M. *Clousier*, peut-être moins vantées que d'autres, mais aussi dignes de l'être.

FIN.

www.ingramcontent.com/pod-product-compliance
Ingram Content Group UK Ltd.
Pitfield, Milton Keynes, MK11 3LW, UK
UKHW020206200726
13856UKWH00003B/1234